Revisitar o
Concílio Vaticano II

Coleção Revisitar o Concílio

Ad Gentes: texto e comentário
Estêvão Raschietti

Apostolicam Actuositatem: texto e comentário
Antonio José de Almeida

Dei Verbum
Geraldo Lopes

Gaudium et Spes: texto e comentário
Geraldo Lopes

Inter Mirifica: texto e comentário
Joana T. Puntel

Lumen Gentium: texto e comentário
Geraldo Lopes

Perfectae Caritatis: texto e comentário
Cleto Caliman

Presbyterorum Ordinis: texto e comentário
Manoel Godoy

Revisitar o Concílio Vaticano II
Dom Demétrio Valentini

Sacrosanctum Concilium: texto e comentário
Alberto Beckhäuser

Unitatis Redintegratio, Dignitatis Humanae, Nostra Aetate: textos e comentários
Elias Wolff

DOM DEMÉTRIO VALENTINI

Revisitar o Concílio Vaticano II

Paulinas

Dados Internacionais de Catalogação na Publicação (CIP)
(Câmara Brasileira do Livro, SP, Brasil)

Valentini, Demétrio
  Revisitar o Concílio Vaticano II / Demétrio Valentini. – São Paulo : Paulinas, 2011. – (Coleção revisitar o Concílio)

  ISBN 978-85-356-2792-3

  1. Concílio Vaticano (2. : 1962-1965) - História   2. Documentos oficiais   3. Ecumenismo   4. Igreja Católica - História - Século 20   I. Título.   II. Série.

  11-03048   CDD-262.52

Índice para catálogo sistemático:
  1. Concílio Vaticano 2ª : Documentos 262.52

1ª edição – 2011
2ª reimpressão – 2012

Direção-geral:
Flávia Reginatto

Editores responsáveis:
Vera Ivanise Bombonatto
Antonio Francisco Lelo

Copidesque:
Anoar Jarbas Provenzi

Coordenação de revisão:
Marina Mendonça

Revisão:
Ruth Mitzuie Kluska

Assistente de arte:
Sandra Braga

Gerente de produção:
Felício Calegaro Neto

Projeto gráfico e capa:
Telma Custódio

Nenhuma parte desta obra poderá ser reproduzida ou transmitida por qualquer forma e/ou quaisquer meios (eletrônico ou mecânico, incluindo fotocópia e gravação) ou arquivada em qualquer sistema ou banco de dados sem permissão escrita da Editora. Direitos reservados.

Paulinas
Rua Dona Inácia Uchoa, 62
04110-020 – São Paulo – SP (Brasil)
Tel.: (11) 2125-3500
http://www.paulinas.org.br – editora@paulinas.com.br
Telemarketing e SAC: 0800-7010081
© Pia Sociedade Filhas de São Paulo – São Paulo, 2011

Apresentação

O breve, mas ao mesmo tempo precioso, livro de Dom Demétrio Valentini, bispo de Jales-SP, *Revisitar o Concílio Vaticano II*, preenche uma lacuna cada vez mais sentida em relação ao maior evento eclesial do século XX, o Concílio Vaticano II.

Cinquenta anos depois do seu anúncio pelo Papa João XXIII,[1] praticamente desapareceu aquela geração dos bispos que participaram do Concílio e daqueles leigos e leigas, religiosos e religiosas, presbíteros, catequistas e equipes de liturgia que empreenderam, com entusiasmo e dedicação exemplares, a renovação conciliar em suas Igrejas particulares, comunidades, paróquias, pastorais, congregações religiosas e também na catequese, liturgia, teologia, formação dos leigos, leigas e presbíteros. Mesmo sem nos darmos conta, toda a nossa vida eclesial carrega as marcas da virada histórica do Vaticano II.

Para as novas gerações, o Concílio tornou-se por vezes apenas uma página da história. Revisitá-lo guiados por alguém que viveu a aventura conciliar, como jovem estudante de teologia em Roma e depois como padre e bispo, com olhar sempre atento e coração ardente e compromisso firme, é um verdadeiro privilégio.

Dom Demétrio, no seu *Revisitar o Concílio Vaticano II*, oferece em poucas páginas a possibilidade de entrar numa

---

[1] Veja a excelente biografia do Papa: ALBERIGO, G. *Angelo José Roncalli, João XXIII*. São Paulo: Paulinas, 2000.

história viva, que pode e deve seguir iluminando nossa caminhada pastoral, inspirando nossa teologia e animando nossa esperança.

Em dez capítulos compactos e ágeis, ele nos devolve o Concílio em sua inteireza e complexidade. Seu livro abre-nos o apetite para tocar mais de perto os tesouros cada vez mais escondidos do Concílio.

É um convite premente para ler pela primeira vez ou então reler os dezesseis documentos conciliares.[2] Dom Demétrio, como bom pedagogo, aponta as cimeiras das montanhas e por onde devemos começar: com a *Lumen Gentium*, o documento sobre a Igreja, como Povo de Deus, colegialmente governado pelos bispos em comunhão com o Papa. Apresenta-o como compêndio e obra maior de toda a gesta conciliar. Ao seu lado, encontram-se as outras três Constituições, documentos mais densos, e pastoral e doutrinalmente programáticos: a *Dei Verbum*, sobre a Palavra de Deus; a *Gaudium et Spes*, sobre a presença e as responsabilidades da Igreja e dos cristãos no mundo de hoje; e a *Sacrosanctum Concilium*, sobre a liturgia. Ela ajudou a renovar e inculturar nossas formas de celebrar em comunidade em torno da mesa da palavra e da mesa do pão, com a participação de toda a assembleia.

Dentre os nove decretos, ele nos aconselha a começar pelo do ecumenismo, *Unitatis Redintegratio*, que abriu caminho para que pudéssemos estabelecer laços fraternos de afeto, comunhão e cooperação com todas aquelas Igrejas,

---

[2] A primeira editora brasileira a publicar os documentos conciliares foi a Vozes, de Petrópolis: *Compêndio do Vaticano II: Constituições, Decretos, Declarações* (Introdução e índice analítico de Frei Boaventura Kloppenburg; coordenação geral de Frei Frederico Vier). Petrópolis: Vozes, 1966. Hoje há também edições da Paulus e Paulinas, inclusive em versão digital, em CD-Rom, com selo das Paulinas.

comunidades e pessoas que, pelo Batismo, foram igualmente incorporadas ao corpo, único de Cristo, que é a sua Igreja. Sem o Concílio e a caminhada ecumênica por ele desencadeada, não teríamos no Brasil o Conic (Conselho Nacional das Igrejas Cristãs), as traduções ecumênicas da Bíblia, o Cebi ou, pela terceira vez, depois de 2000 e 2005, a graça de nova Campanha da Fraternidade Ecumênica, em 2010, centrada no tema: *Economia e Vida*.

Dentre as três Declarações conciliares, ele nos chama a atenção para a *Dignitatis Humanae*, sobre a liberdade religiosa, e para a crescente importância do diálogo interreligioso proposto pela *Nostra Aetate*, em um mundo cada vez mais plural e em intensa relação, quando não em conflito, do ponto de vista cultural e religioso.

Revisitados os eventos conciliares e seus documentos, há hoje boas alternativas para seguir aprofundando o Concílio.[3] A Igreja do Brasil, graças em boa parte ao então secretário-geral da CNBB, Dom Helder Câmara,[4] e ao entusiasmo do seu jovem episcopado teve atuação exemplar no Concílio e lançou-se com entusiasmo à tarefa de sua recepção e aplicação, por meio do Plano de Pastoral de Conjunto, o PPC (1966-1970).[5]

---

[3] Assinalamos alguns livros recentes para aprofundamento do Concílio hoje: LORSCHEIDER, A. et alii. *Vaticano II, 40 anos depois*. São Paulo: Paulus, 2005; LIBANIO, J. B. *Concílio Vaticano II*; em busca de uma primeira compreensão. São Paulo: Loyola, 2005; ALBERIGO, G. *Breve história do Concílio Vaticano II*. Aparecida: Santuário, 2006.

[4] BEOZZO, J. O. Dom Helder Câmara e o Concílio Vaticano II. In: ROCHA, Z. (org.), *Helder, o Dom*; uma vida que marcou os rumos da Igreja no Brasil. Petrópolis: Vozes, 1999. pp. 102-110. Acabam de ser publicadas em seis tomos as Cartas conciliares e interconciliares de Dom Helder: MARQUES, L. C.; FARIA, R. A. (orgs.). *Dom Helder Câmara*; circulares conciliares. Vol. I – Tomo I, II e III. Recife: Cepe/IDHeC, 2009; e ROCHA, Z. (org.). *Dom Helder Câmara*; circulares interconciliares. Vol. II – Tomo I, II e III. Recife: Cepe/IDHeC, 2009.

[5] Veja o volume coletivo: GONÇALVES, P. S. L.; BOMBONATO, V. I. (orgs.). *Concílio Vaticano II*; análise e prospectivas. São Paulo: Paulinas, 2004.

Só podemos agradecer a Dom Demétrio a oportunidade que oferece para um público amplo, de um primeiro contato ágil, mas sério e denso, sobre o Concílio, em todos seus aspectos: do anúncio, à sua preparação, realização e encerramento; da preparação dos esquemas até a aprovação dos documentos; dos seus órgãos de direção à mecânica da Assembleia e dos trabalhos das comissões, sem esquecer o papel dos dois papas, João XXIII e Paulo VI, e o peso crescente da opinião pública sobre a agenda e a caminhada conciliares.

Concluímos com a palavra abalizada de quem foi um dos bispos brasileiros mais atuantes no Vaticano II e um dos principais artífices de sua recepção no Brasil e na América Latina, como secretário e presidente da CNBB e presidente do Celam na época da III Conferência do Episcopado Latino-Americano em Puebla, o Cardeal Dom Aloísio Lorscheider:

"O Concílio Ecumênico Vaticano II foi um Concílio pastoral-eclesiológico. Duas são as palavras-chave para entendê-lo bem: *aggiornamento* (atualização, renovação, rejuvenescimento, diaconia, serviço) e *diálogo* (comunhão, corresponsabilidade, participação). Não veio para definir ou condenar, mas para servir e salvar".[6]

Pe. José Oscar Beozzo

Confira igualmente: BEOZZO, J. O. *A Igreja do Brasil no Concílio Vaticano II (1959-1965)*. São Paulo: Paulinas, 2005.

[6] LORSCHEIDER, A. Linhas mestras do Concílio Vaticano II. In: *Vaticano II, 40 anos depois*. São Paulo: Paulus, 2005. pp. 48-49.

Introdução

Já se passaram cinquenta anos do anúncio do Concílio, feito pelo Papa João XXIII, no dia 25 de janeiro de 1959.

O momento é propício para perguntar o que foi feito do Concílio, que teve tão generosa acolhida e suscitou tantas esperanças.

Que juízo de valor fazemos deste evento central da Igreja em nosso tempo?

Ao concluir o jubileu da passagem do milênio, João Paulo II escreveu: "Sinto ainda mais intensamente o dever de indicar o Concílio como a grande graça que beneficiou a Igreja no século XX: nele se encontra uma bússola segura para nos orientar no caminho do século que começa" (*Novo Millennio Ineunte*, n. 57).

Continuam válidas estas palavras do Papa?

Quando João XXIII anunciou sua intenção de convocar um concílio para renovar a Igreja, o entusiasmo foi tomando conta de todos, tanto dentro como fora da Igreja Católica. A pronta adesão às intenções de um novo Concílio comprovou o acerto da ideia do Papa, e facilitou sua rápida implementação.

Verdade é que desde o início houve um núcleo de resistência e de desconfiança diante de tão generosa proposta de *aggiornamento* da Igreja. Mas João XXIII soube muito bem contornar estas resistências, suplantadas pela firme condução do processo conciliar, de tal modo que predominou, amplamente, a adesão favorável, e as resistências não encontraram clima para a sua sustentação.

Passados cinquenta anos, o panorama parece ir se invertendo. Os ventos favorecem as resistências, enquanto o processo de renovação da Igreja, suscitado pelo Concílio, vai perdendo rumo e consistência.

No anúncio do Concílio, aconteceu um imprevisto salutar. João XXIII decidiu fazer o anúncio do Concílio num consistório convocado para se reunir na Abadia ao lado da Basílica de São Paulo Extramuros, logo após a solene celebração litúrgica pela festa da conversão do apóstolo. Ao mesmo tempo entregara nota sobre o anúncio para ser lida no noticiário do meio-dia da Rádio Vaticano. A celebração prolongou-se além do previsto e a Rádio Vaticano transmitiu a notícia antes que o Papa terminasse sua fala aos cardeais reunidos. O imprevisto do atraso e a difusão da notícia criaram um fato consumado. No ano anterior, em 1958, o mundo tinha conhecido o encanto das jogadas de Garrincha. João XXIII deu uma de Garrincha, driblando os cardeais e passando a bola direto para os jornalistas, inaugurando um novo relacionamento da Igreja com as realidades do mundo moderno.

Mas, para ganhar o jogo, não basta uma jogada de mestre. É preciso que toda a equipe atue bem. Ainda mais quando a partida tem uma longa duração, como é o caso deste Concílio. Ele apostou na continuidade do processo desencadeado.

O Vaticano II foi generoso nas intenções, mas tímido nas decisões. Apostou na força de suas propostas, acreditando que iriam encontrar oportunidade e espaço para a sua implementação.

Pode ser que ele tenha sido ingênuo demais, desprezando o poder de resistência e de articulação de setores contrários às mudanças, aninhados em pontos estratégicos da estrutura eclesial.

Parece urgente retomar o impulso renovador da Igreja, suscitado pelo Concílio. Para isto, é importante retornar ao Concílio, para perceber a grande consistência que ele teve.

É a intenção desta breve descrição do processo conciliar lembrar como foi, de fato, o Vaticano II, o contexto eclesial que o precedeu e o seguiu, o intenso envolvimento que suscitou, os grandes temas levantados, o itinerário de cada documento produzido, as ideias-chave que presidiram todos os assuntos abordados, a organização de todo o trabalho conciliar, o cuidado e o esmero colocados na elaboração e aprovação de cada capítulo dos seus documentos.

Trata-se de revisitar o Concílio para perceber a importância que ele ainda tem para a Igreja em nosso tempo.

Hoje corremos o risco de dar atenção a episódios secundários, ignorando o peso do Vaticano II, quando, desavisados, trocamos ouro por quinquilharias. Existem hoje muitas ofertas de renovação eclesial que não possuem a densidade e o peso daquelas propostas pelo Vaticano II.

As páginas que seguem têm a intenção de mostrar a consistência deste grande Concílio, que permanece válido, e serve de referência firme para a verdadeira renovação da Igreja que os bispos do mundo inteiro, junto com o Papa, nele propuseram e incentivaram.

1
Como surgiu o Concílio Vaticano II

1.1. Um "Papa de transição"

Em outubro de 1958, falecia Pio XII. Grande Papa, sábio e de extraordinária inteligência, tinha governado a Igreja por vinte anos. Sua morte causara grande impacto. Era difícil encontrar um sucessor para figura tão extraordinária. Quando se reuniram os cardeais para a eleição, após três dias de votações, a surpresa foi geral. Fora eleito o Cardeal Ângelo Roncalli, que tomou o nome de João XXIII. Quase desconhecido, bastante idoso, os comentaristas logo o identificaram como "Papa de transição", que ocuparia o posto até aparecer outra figura de maior destaque.

Mas exatamente era este o Papa que iria surpreender a Igreja e o mundo com sua extraordinária atuação.

1.2. A ideia do Papa

O episódio foi várias vezes narrado pelo próprio João XXIII. Em sua simplicidade, comprazia-se em rememorar como tinham se passado as coisas.

Era em janeiro de 1959. Àquela altura, dois meses após sua eleição, João XXIII já era o "Papa da bondade", que surpreendentemente sumira um dia do Vaticano, para visitar os presos de Roma e as crianças doentes em um hospital.

Celebrava-se a semana de orações pela unidade dos cristãos. Estava o Papa em conversa informal com seu secretário, o Mons. Loris Capovilla. João XXIII confiou-lhe, então, que como Papa sentia a obrigação de fazer alguma coisa de especial para favorecer a união dos cristãos. E perguntou ao secretário o que poderia fazer. E ele próprio se surpreendeu com a ideia que de repente lhe veio à mente, e que ele mesmo expressou como resposta à sua pergunta: um concílio!

João XXIII, nas frequentes narrativas do episódio, insistia em dizer que a ideia lhe pareceu uma inspiração de Deus, tal a insistência com que ela foi martelando sua mente. Não lhe saiu mais da cabeça. Surpreso ele próprio, ia repetindo: um concílio, um concílio! Dois dias depois todo mundo já sabia da ideia do Papa.

1.3. O anúncio do Concílio

Foi no dia 25 de janeiro de 1959. Realizava-se, na basílica de São Paulo, a conclusão da semana de orações pela unidade dos cristãos. Lá se encontravam reunidos os cardeais residentes em Roma. E foi para eles que o Papa confiou a repentina ideia que tivera. Antes, porém, pelas ondas da Rádio Vaticano, ficaram sabendo os jornalistas da surpresa que ele estava anunciando. Foram os jornalistas que se encarregaram de espalhar a notícia do Concílio, não os incrédulos cardeais. Começava um novo relacionamento entre a imprensa e a Igreja, vista a partir da nova figura de Papa que estava despontando em João XXIII.

Brincando com o apelido de "Papa de transição" que lhe tinham dado, disse aos cardeais que cada Papa, no início do seu pontificado, costumava ter alguns planos. E ele também tinha os seus.

Aí, para pasmo dos pacatos cardeais, foi desfiando os seus planos. Pensava em convocar um *sínodo* para a diocese de Roma; pensava em atualizar o Código de *Direito Canônico*. E pensava em convocar um *Concílio Ecumênico* para toda a Igreja.

1.4. A personalidade de João XXIII

Aparece neste episódio a rica personalidade de João XXIII. Também sua santidade simples e profunda, que lhe possibilitava agir com desembaraço sempre que se tratava do bem da Igreja e dos homens.

Foi particularmente típica sua reação diante da inesperada ideia de um Concílio. Sabemos que Pio XI tinha intenção de convocar os bispos do mundo para concluir a Obra do Vaticano I. Mas não encontrou nunca ocasião oportuna para isto. Ficou também revelado que Pio XII igualmente visou a um concílio, e para isto nomeou uma comissão secreta para estudar sua conveniência. Mas João XXIII, ao lhe surgir a ideia, na primeira ocasião que teve, a comunicou a toda a Igreja, com muita simplicidade. Daí por diante, se tornou bem claro que os tempos estavam maduros para isto.

1.5. As reações suscitadas

Foi impressionante a acolhida entusiasta da ideia do Papa, em toda a Igreja e na opinião pública mundial. Com uma rapidez fulminante criou-se em todo mundo um clima de favorável expectativa em face do Concílio proposto por João XXIII. Teve certamente muita influência nisto a figura simpática do Papa da bondade, que já tinha demonstrado estar disposto a tudo fazer para aumentar a compreensão e a amizade entre os homens. Todos passaram a esperar que o Concílio viesse trazer um ânimo novo que penetraria todas as estruturas da Igreja. Já o seu simples anúncio despertara os mais variados setores. Parecia visível o sopro renovador do Espírito que perpassava toda a Igreja de Cristo.

É preciso dar-nos conta deste ambiente desencadeado pelo anúncio do Concílio para entendermos a obra realizada pelo Vaticano II.

1.6. O Espírito do Concílio

João XXIII foi bem claro ao propor o Concílio. Este não seria um concílio para combater erros. Não se tratava de condenar heresias. Seria um concílio para pôr em dia a Igreja.

Era a "renovação", o *aggiornamento*, palavra italiana que a partir daí passou para o dicionário universal, tanto foi repetida pelo Papa. Já era significativo o fato de ter sido anunciado na semana de orações pela união dos cristãos. Era intenção do Concílio promover a união e compreensão. Este era o espírito. Faltava elencar os assuntos concretos a abordar. Mas o espírito já existia. Faltava tomar corpo.

2
A preparação do Concílio

2.1. As primeiras providências

Anunciado um concílio ecumênico por João XXIII, a ideia teve logo aceitação favorável e entusiasta em todo o mundo. Mas tudo ainda era incerteza acerca de como e quando ele se realizaria. Certamente seriam necessárias muitas providências para dar início a tão grande conclave. E ninguém sabia bem por onde começar, porque de concílio ninguém tinha prática, visto que o último se realizara há quase cem anos.

Mas havia alguém que entendia bem. Este era ainda o Papa João XXIII. Acontece que ele, embora parecendo homem pouco dado aos estudos, era conhecedor exímio de história da Igreja. Nos seus tempos de padre, fora professor da matéria num seminário maior. E, capricho da providência, tinha feito um estudo especial sobre São Carlos Borromeu, o grande bispo que pôs em prática o Concílio de Trento. Inclusive publicou uma obra sobre o assunto. Portanto, João XXIII sabia bem como organizar um concílio. E de modo surpreendente aplicou com decisão e rapidez os seus conhecimentos. A Providência tinha preparado o homem adequado.

2.2. A comissão antepreparatória

Ainda no ano de 1959, no mês de maio, na festa de Pentecostes, João XXIII já anunciava a constituição de uma *comissão antepreparatória.* (Mais tarde iriam se constituir comissões preparatórias.) A esta comissão antepreparatória incumbia encontrar os assuntos a serem tratados pelo Concílio.

Encontrar os assuntos foi o primeiro problema enfrentado pelo Vaticano II. Acontece que todos os outros concílios anteriormente havidos na Igreja tinham sido convocados quando havia concretamente um grave problema a enfrentar. Assim, em Trento era o problema da Reforma Protestante; no Vaticano I, o problema do racionalismo. Mas, neste, a Igreja tomava a dianteira, e mesmo sem estar acossada por graves problemas concretos convocou um concílio para, em tempo, atualizar-se.

2.3. Nova maneira de agir

Reunida a comissão antepreparatória, seus membros queriam começar logo indicando os assuntos. Mas depois tiveram uma ideia melhor. Por que não escrever aos bispos, pedindo que eles indicassem os assuntos? Pois os bispos, vivendo nas diferentes partes do mundo, podiam identificar melhor os problemas existentes. E assim fizeram. Foi enviada uma carta a todos os bispos do mundo, em 18 de junho de 1959, pedindo que até o fim do ano todos respondessem.

Já começava a agir aí o espírito do Vaticano II. Começava a valorização dos bispos, o diálogo entre as dioceses e a sede da Igreja, e a vontade de adaptar as coisas conforme a situação de cada lugar.

2.4. As respostas dos bispos

Os meses que se seguiram foram dedicados à coleta das respostas, provenientes de todas as partes do mundo.

Além dos bispos foram também consultados os superiores das congregações religiosas, os reitores de universidades católicas e das faculdades de teologia, além dos dicastérios e organismos da Cúria Romana. Como era grande o interesse pelo Concílio, o índice de respostas foi elevado. 77% das pessoas consultadas responderam. Concretamente, apareceram 1.998 respostas. Era um vastíssimo material. Tanto assim que precisou ser impresso em livros. E deu nada menos que doze volumes, totalizando 10 mil páginas. Assim, num ano, se concluiu a fase antepreparatória do Concílio: a coleta de sugestões.

2.5. As comissões preparatórias

A 5 de junho de 1960, começou a fase propriamente de preparação do Concílio. Foram naquele dia criadas as *comissões preparatórias* e um organismo inovador, o *Secretariado para a União dos Cristãos*, confiado ao ex-reitor do Instituto Bíblico de Roma, o Cardeal Agostinho Bea, que fora morar no Colégio Pio Brasileiro em Roma.

Dentre o vasto material recolhido, era necessário destacar os assuntos principais e, em torno destes, elaborar esquemas de documentos que servissem de roteiros para os debates no Concílio, quando este fosse convocado.

Aí novamente a eficiência de João XXIII entrou em ação. Mandou preparar onze comissões. Os membros dessas comissões foram escolhidos entre homens de Igreja que tinham se destacado nos diferentes assuntos em pauta. Em novembro daquele ano, 1960, as comissões já estavam formadas, e numa audiência geral o Papa recebeu todos os seus membros, dando oficialmente início aos trabalhos.

Além dessas onze comissões, havia a comissão central, que presidia todo o andamento dos trabalhos, e mais três secretariados. Um deles providenciava, por exemplo, as arquibancadas para os bispos na basílica de São Pedro e as outras muitas instalações necessárias para o funcionamento do Concílio. Era uma enorme engrenagem que se colocava em movimento.

2.6. Os trabalhos das comissões

O ano de 1961 foi dedicado ao trabalho das comissões. E, pelo impressionante número de esquemas, vê-se que foi intenso. Ao iniciar o Concílio, em outubro de 1962, havia nada menos que setenta e cinco esquemas preparados. No primeiro ano de concílio, foram debatidos dois, e iniciado o debate de um terceiro. [No primeiro ano foram apresentados e debatidos o esquema da liturgia (SC), o da Palavra de Deus, que foi rejeitado (DV) e entregue para nova redação a uma comissão mista integrada pela comissão teológica e pelo Secretariado pela União dos Cristãos; o dos Meios de Comunicação Social (IM); os três esquemas de ecumenismo: o do Secretariado, o que foi preparado pela comissão das Igrejas orientais e o que foi elaborado pela comissão teológica como um capítulo do esquema sobre a Igreja. Houve um voto na congregação geral, pedindo que os três esquemas fossem fundidos num só. Iniciou-se ainda a discussão do esquema sobre a Igreja (LG).] Dá para imaginar quantos anos teria durado o Concílio se tivessem permanecido os setenta e cinco esquemas. Vamos ver depois como eles foram reduzidos a um número bem menor. O fato é que as comissões procuraram desempenhar a tarefa a elas confiada, e, no Natal de 1961, o Papa já podia convocar o Concílio para o ano seguinte, sem precisar, contudo, a data exata de sua abertura. Em todo caso, o Concílio ia começar muito antes do que todos tinham imaginado.

3
Os momentos decisivos do Concílio

3.1. A abertura do Concílio

Nos capítulos anteriores, até agora tivemos ocasião de ver como surgiu o Concílio Vaticano II e como foi ele preparado. Vamos agora observar alguns fatos acontecidos no próprio Concílio.

De janeiro de 1959 até outubro de 1962 tinham se passado quase quatro anos. Após uma intensa movimentação em todos os setores da Igreja, havia chegado o dia da abertura do Concílio: *11 de outubro de 1962.*

Os próprios bispos iam chegando a Roma, entre preocupados e curiosos para ver como iria se desenvolver o Concílio. E compareceram quase todos, do mundo inteiro. Só não puderam vir os bispos chineses e alguns bispos de países comunistas.

As cerimônias de abertura, do dia 11 de outubro, foram marcadas pela grandiosidade. Os 2.500 bispos, acompanhados pelos superiores maiores de algumas ordens religiosas e pelos observadores de outras Igrejas cristãs entraram em procissão na Basílica São Pedro. A expectativa do acontecimento tinha igualmente trazido para Roma muita gente e muitos jornalistas. Das 8 da manhã, as cerimônias se prolongaram até a 1 hora da tarde. Afinal, era preciso começar de modo solene um acontecimento tão raro.

3.2. O discurso do Papa

Mas o mais importante de tudo o que aconteceu no dia 11 de outubro de 1962 foi o discurso de João XXIII. Nele, o Papa traçou o objetivo do Concílio: *retomar a doutrina da Igreja, recebida de Cristo, e expô-la numa linguagem nova, mais inteligível aos homens de hoje, mais de acordo com as exigências atuais. Dar roupagem nova a uma doutrina antiga. Ir ao encontro do homem atual.* Este o grande objetivo a que o Concílio se propunha.

Ao longo do Concílio, esse discurso foi muitas vezes recordado. Serviu para continuamente lembrar o caráter pastoral deste concílio ecumênico.

3.3. A eleição das comissões

No dia 12 de outubro não houve trabalhos conciliares. Foi um dia de descanso. A primeira sessão de trabalho estava marcada para o dia 13. O primeiro trabalho a ser feito era eleger as comissões. Era necessário organizar o Concílio. Escolher grupos de bispos que se encarregassem de elaborar os diferentes assuntos. Uma comissão para cada assunto principal. Estavam previstas dez comissões, que deveriam constar de vinte e quatro membros, sendo que dezesseis desses membros deviam ser eleitos pela assembleia dos bispos e oito seriam depois indicados pelo Papa. Portanto, no dia 13 cada bispo devia escolher cento e sessenta nomes para eleger. Devia escolher dezesseis bispos para cada uma das dez comissões. E como seria possível isto, se os bispos ainda não se conheciam?

Para falar a verdade, estava aí se armando a primeira manobra "política" no Concílio. Depois de aberta a sessão, com a celebração da missa, foram entregues aos bispos duas listas. Uma em que constava os nomes de todos eles.

Outra contendo os nomes daqueles bispos que tinham tomado parte nas comissões preparatórias do Concílio. Era evidente que, não conhecendo outros nomes mais convenientes, os bispos iriam indicar novamente aqueles que já tinham tomado parte nas comissões preparatórias. Acontece que em sua maioria esses eram italianos e conservadores. Mas o Concílio não era para ser ecumênico?

Foi aí que um bispo da França, o cardeal Achille Lienart, pediu a palavra e não concordou que a eleição se fizesse assim tão depressa. Pediu que fosse adiada, para que os bispos tivessem tempo de se consultar, a fim de indicar, de cada nação, os nomes mais convenientes.

Houve então um momento de perplexidade. Os membros da mesa de presidência se consultaram e por fim resolveram aceitar a sugestão do cardeal Lienart.

Foi então deixado um espaço de três dias para consultas. Durante esse três dias, os bispos da França, Alemanha, Bélgica, América do Norte e América Latina organizaram para cada comissão uma lista que continha bispos competentes de todas as nações. E no dia da votação, quase todos esses foram eleitos, sendo que nenhum da lista organizada separadamente pelo episcopado italiano, o mais numeroso de todos, foi escolhido! Assim, o Concílio começou realmente ecumênico. Este fato teve uma importância decisiva em todo o desenrolar do Concílio.

3.4. Os primeiros debates

O primeiro assunto estudado pelo Concílio foi a liturgia. Um dos melhores esquemas preparados pelas comissões preparatórias era justamente o esquema sobre a liturgia. Foi, por isto, uma decisão muito acertada tomar esse assunto para abrir os trabalhos conciliares.

Assim mesmo os bispos levaram um mês inteiro para analisá-lo e sugerir-lhe modificações. Enquanto isto, foram se conhecendo, entendendo o latim uns dos outros e engrenando no ritmo de trabalho.

O que logo chamou a atenção, sobretudo dos observadores não católicos — que lá estavam em cerca de quarenta, incluindo representantes das Igrejas convidadas entre as antigas Igrejas orientais, entre as ortodoxas, as Igrejas saídas da Reforma, a veterocatólica, pentecostais e convidados do Secretariado —, foi a franqueza dos debates. Era uma verdadeira assembleia, que livremente debatia os assuntos. O único leigo católico convidado, Jean Guitton, teve que tomar assento entre os observadores, pois o regulamento não previa até então nem a categoria dos "auditores" e portanto um lugar na basílica para eles mesmos.

3.5. A primeira rejeição de um esquema

Após terem debatido o esquema sobre a liturgia, foi apresentado outro, que versava em torno da Sagrada Escritura, onde apareciam os temas da revelação, da tradição e do magistério da Igreja, assuntos estes que tinham provocado grandes divergências no tempo da Reforma Protestante. Tanto a Igreja Católica como as Igrejas protestantes firmaram posições bem distintas em torno destes assuntos.

Acontece que os redatores do esquema preparatório se mantiveram dentro de uma linguagem bastante polêmica, em oposição aos protestantes. Foi isto que não agradou à maioria dos bispos em concílio. Muitos pediam que o esquema fosse rejeitado. Fez-se então uma votação e, como era necessária uma maioria de dois terços para se rejeitar um esquema, esta não foi conseguida, faltando poucos votos. Isto causou um grande descontentamento e previam-se longos debates, para então modificar o texto item por item.

Foi aí que interveio João XXIII. Até lá não tinha intervindo, para deixar que se implantasse no Concílio uma plena liberdade de discussão. Mas no dia seguinte à votação sobre o dito esquema, ele comunicou aos bispos que por autoridade própria resolvia retirar o esquema, para que fosse redigido em termos ecumênicos. Ao ser ouvida a comunicação, os bispos exultaram. E uma vez mais o Papa confirmava que a finalidade do Concílio não era polêmica, mas pastoral e ecumênica.

4
Os assuntos quentes do Concílio

Antes de detalhar sobre o conteúdo dos documentos conciliares, é bom abranger, em uma visão de conjunto, os principais temas abordados pelo Concílio.

Aqui precisamos de uma observação prévia. Houve assuntos muito ventilados pela opinião pública, e que chegaram mesmo a apaixonar a imprensa, tais como a declaração sobre a liberdade religiosa, o documento relativo aos judeus, o decreto sobre o ecumenismo, e o esquema sobre a Igreja no mundo moderno.

Houve outros assuntos, certamente mais fundamentais, e cuja importância não pôde ser captada pela opinião pública, dada a profundidade da doutrina. Entre estes assuntos devemos situar em primeiro lugar o documento sobre a constituição da Igreja, em especial o capítulo sobre o episcopado.

4.1. A Igreja que se analisa e se define como Povo de Deus

Sem dúvida, o mais importante documento emanado do Concílio Vaticano II é a Constituição Dogmática *Lumen Gentium*. Em oito capítulos, procura analisar e descrever a Igreja de Cristo. Após vinte séculos de existência e de experiência vital, a Igreja parou um pouco para refletir sobre si mesma. Na expressão de Paulo VI, a Igreja neste concílio tomou consciência mais profunda de sua identidade. O passo decisivo foi dado no capítulo II, quando a Igreja se autodefiniu com a figura de Povo de Deus, resgatado por Cristo, convocado para unir toda a humanidade, enraizado na vocação e missão seladas pelo Batismo e pelo sacerdócio comum de todos os fiéis.

Isso para o Concílio Vaticano II era fundamental. Só depois de conhecer com nitidez sua realidade, pode a Igreja saber qual sua missão, suas relações com o mundo e com os outros cristãos que também aspiram pertencer à verdadeira Igreja de Cristo. O documento sobre a Igreja serve de ponto de referência para entendermos todos os outros documentos do concílio.

4.2. A colegialidade dos bispos

Dentro da *Lumen Gentium* merece destaque especial o capítulo terceiro, que situa a função dos bispos. Neste capítulo o Concílio reafirmou, com maior clareza, que a Igreja está organizada sobre bispos, os quais em conjunto, colegialmente, possuem responsabilidade e autoridade sobre toda a Igreja. Este foi um assunto que provocou longos debates porque entravam em pauta a posição do Papa diante dos bispos, a questão da autoridade e do magistério na Igreja, e todos os problemas conexos a estas questões. O capítulo terceiro da *Lumen Gentium* se constitui na parte teológica mais importante de todo o Vaticano II. Por isto alguns classificam este concílio como sendo o Concílio dos bispos, por ter elucidado a doutrina sobre o episcopado.

4.3. A liberdade religiosa

Muito se falou, no Concílio e fora dele, sobre a liberdade religiosa. O assunto era difícil e complexo, e de início nem os bispos se entendiam perfeitamente. Ele se prestava a muitas confusões. Por isto alguns queriam evitá-lo a todo custo. Outros insistiam exatamente em enfrentá-lo, para que a Igreja esclarecesse sua verdadeira posição. Foi o documento mais discutido e emendado.

A liberdade religiosa não suprime, como muitos pensam, a obrigação de praticar a religião verdadeira. Ao contrário, o Concílio quis dizer que as obrigações religiosas diante de Deus são tão importantes e tão pessoais, que ninguém pode ser impedido de cumprir essas obrigações, como cada um acha que deve cumpri-las, segundo sua consciência. Esta é inviolável e respeitada pelo próprio Deus, não devendo sofrer coação ou violência nem dos Estados, nem das Igrejas ou qualquer outra pessoa ou poder. É isso o que o documento afirma.

4.4. A questão dos judeus

O concílio editou um documento em que aborda as relações da Igreja com as religiões não cristãs. Nele fez menção especial à religião muçulmana e ao judaísmo.

O capítulo referente aos judeus provocou algumas reações inesperadas. Algumas de ordem doutrinal, pois o Concílio afirmou que os atuais judeus não podem ser culpados da morte de Cristo. Mas, sobretudo, reações de ordem política, visto que os países árabes temiam que a intenção do Concílio fosse reconhecer o estado atual de Israel, o que não tinha nada a ver com as intenções do Concílio.

4.5. O ecumenismo

Por ecumenismo se entende a intenção e o esforço de se procurar a união de todos os cristãos, ressaltando tudo aquilo que já nos une, em torno da mesma fé em Jesus

Cristo, do mesmo respeito à Palavra de Deus, do mesmo Batismo e do mesmo serviço aos homens em suas necessidades e procurando superar o que ainda nos afasta uns dos outros. Evidentemente este concílio teve intenções ecumênicas, e contribuiu grandemente para aproximar as Igrejas cristãs. Símbolo deste novo clima criado pelo Concílio foi a presença de observadores de outras Igrejas cristãs, que de sessão para sessão foram aumentando na basílica de São Pedro.

Tudo o que dizia respeito à união dos cristãos suscitava grande interesse, não só entre bispos, mas também na opinião pública. Este interesse foi se concentrando em torno do documento sobre o ecumenismo, que foi editado no fim da terceira sessão conciliar, em novembro de 1964.

4.6. A Igreja no mundo moderno

Documento de inestimável valor atual e prático é o que aborda a situação da Igreja no mundo moderno. É o mais extenso dos dezesseis documentos conciliares. Nele a Igreja quis se pronunciar sobre os mais graves problemas que afligem os homens de hoje. Foi certamente através desse documento que o Concílio mais atingiu sua finalidade pastoral, de traduzir em uma linguagem acessível a doutrina cristã, aplicando-a aos problemas hoje existentes.

Nesses documentos todos, se encontra um vasto cabedal de doutrina, que requer um estudo contínuo e aprofundado, para que o Concílio não se torne letra morta e inútil.

5
As ideias-força do Concílio

Já vimos no capítulo anterior quais os principais assuntos abordados pelo Concílio. Seus temas centrais giraram em torno da Igreja, da liberdade religiosa, do ecumenismo e outros.

Mas, por detrás desses assuntos, houve algumas ideias fundamentais que presidiram todo o desenrolar do Concílio.

Diz-se com muita razão que são as ideias que governam o mundo. Isso se verifica também no Concílio. Por isto que é interessante destacarmos algumas dessas ideias fundamentais, para melhor entendermos os documentos conciliares.

5.1. A renovação

Esta é certamente a ideia mais importante e que mais influência teve. O concílio foi convocado para renovar a Igreja. E foram abordados os assuntos que mais precisavam de renovação. Tantas vezes falou João XXIII em *aggiornamento*. Era preciso colocar em dia a Igreja.

Estamos vivendo num mundo que se transforma rapidamente. Não seria então a Igreja que iria permanecer parada, num tempo de tantas inovações. Ela precisava acompanhar os tempos, porque é lá que se encontram os homens que ela deve reunir e salvar. Colocando o tema da renovação, João XXIII colocou para a Igreja o verdadeiro desafio que ele tinha a enfrentar. Era uma questão de vida ou morte.

Por isto entendemos que a ideia de um concílio teve aceitação entusiasta. João XXIII, inspirado por Deus, entendeu os sinais dos tempos e propôs para a Igreja exatamente o que ela estava necessitando: um concílio para se renovar. Era preciso que a Igreja encontrasse maneiras de agir, formas e leis adequadas para os tempos de hoje. Dentro desse objetivo, podemos colocar quase todos os documentos: renovação da liturgia, renovação dos seminários, renovação dos religiosos, renovação da pastoral e assim por diante.

5.2. Adaptação/inculturação

Esta é outra ideia. Hoje em dia a Igreja vive nos mais diversos países, entre os mais diferentes povos e culturas. As situações são muito diversificadas. Ora, a Igreja não pode agir da mesma maneira em todos os lugares. É necessário que se adapte às diferentes circunstâncias. Não pode haver uma mesma liturgia para todos os povos, não se podem aplicar as mesmas leis para culturas tão diversas.

Os bispos no Concílio falavam que a Igreja precisava se encarnar em cada povo, em cada nação, em cada cultura. Por isto os documentos conciliares só dão orientações gerais. Cabe às Igrejas locais encarnar esses ensinamentos nas situações concretas que estão vivendo.

Uma das motivações, repetidas vezes apresentada no Concílio, é de que devemos conservar na Igreja a *unidade*, mas não impor, para tanto, a *uniformidade*. Para estarmos unidos, não precisamos ser todos iguais. Podemos ter uma liturgia diferente, uma teologia própria, organizações originais, e com isto a Igreja de Cristo não fica prejudicada. Ao contrário, se enriquece com a variedade. Isto é de fundamental importância para o ecumenismo. As outras

Igrejas cristãs poderão um dia se encontrar numa única Igreja trazendo cada qual suas riquezas próprias, sem precisar entrar numa estreita uniformidade. É com estas vistas largas que o Concílio foi realizado.

5.3. Descentralização

Para adaptar é preciso descentralizar. Os bispos reclamaram vivamente uma descentralização maior na Igreja. Não é mais possível que para cada mínima coisa se precise recorrer a Roma. O governo central, o Papa, existe para manter a unidade, e não para absorver todas as decisões.

Acontece que nos últimos séculos a Igreja precisou reforçar esta centralização. Na época das divisões, a unidade cristã estava seriamente ameaçada. Foi então necessário que Roma assumisse o poder de decisão, em todos os assuntos, até quase nos mínimos detalhes. Isto foi para salvaguardar a unidade, para evitar desvios e abusos. Mas essa situação já mudou. A Igreja se expandiu por toda parte. Manter agora a centralização excessiva seria abafar o crescimento da Igreja, impedir a renovação e a adaptação.

O concílio encontrou o caminho certo desta descentralização. O próprio Cristo já a previra, pois fundou a Igreja não sobre um só apóstolo, mas sobre doze. Traduzindo em termos atuais, a Igreja se organiza não só em torno do Papa, mas também em torno dos bispos. É preciso que os bispos reassumam, mais amplamente, as responsabilidades que lhes cabem, e que lhes foram atribuídas pelo próprio Cristo, como sucessores do colégio apostólico.

É por isto que a parte mais decisiva de todo o Concílio é o capítulo terceiro da *Lumen Gentium*, que estabelece a colegialidade dos bispos. A Igreja está fundada sobre os bispos, e é em torno deles, em suas dioceses, que se fará a renovação e serão introduzidas as adaptações mais convenientes.

5.4. Serviço

A Igreja está a serviço dos homens. Ela não quer honras nem quer competir com as nações. Esta é outra ideia que agiu com força na mente dos bispos. A Igreja tem uma missão a cumprir, para o bem da humanidade. Precisa acompanhar os homens, nas suas diversas culturas, para que os homens a entendam e possam acolher sua mensagem. Por isto a Igreja precisa se apresentar pobre e despretensiosa, para que não a vejam como dominadora.

5.5. Participação

A Igreja é de todos e não só de alguns. E, se é de todos, é preciso que todos participem, em sua vida, nos teus trabalhos, em sua missão. O concílio foi redescobrir a rica noção bíblica, de que a Igreja é um povo e não uma elite. E lembrou, sobretudo aos leigos, que eles são membros de pleno direito deste povo, e convidou-os a reassumirem suas funções próprias e insubstituíveis.

A noção de participação é o correspondente na Igreja à noção de democracia em política. Quando um povo desperta, exige democracia. Quando os cristãos despertam, exigem participação na Igreja.

Ao ler um documento do Concílio, se tivermos em mente estas ideias fundamentais, de renovação, adaptação, inculturação, descentralização, serviço e participação, certamente o entenderemos melhor.

6
O desenrolar do Concílio

Foram propriamente quatro anos de concílio. O Vaticano II teve sua abertura a 11 de outubro de 1962, e seu encerramento solene a 8 de dezembro de 1965. Durante esses quatro anos, houve períodos em que os bispos permaneceram reunidos em Roma, debatendo e votando os temas conciliares. Esses períodos, chamados sessões conciliares, situaram-se nos meses de setembro ou outubro a novembro ou dezembro de cada ano.

Somando-se as quatro sessões conciliares, durante os quatro anos de concílio, os bispos estiveram nove meses em Roma. É de notar, porém, que entre uma sessão e outra os trabalhos conciliares continuavam intensamente, no âmbito das diferentes comissões.

É bom vermos de um relance como se processou o desenrolar dos quatro anos de concílio.

6.1. A primeira sessão

Foi de 11 de outubro a 8 de dezembro de 1962. Era o início do Concílio. Nele, João XXIII imprimiu, com seus discursos de abertura e encerramento, a orientação geral, dando a este concílio um caráter pastoral e prático. Esta sessão serviu para entrosar os bispos entre si e para habituá-los aos debates, que desde o início foram muito francos.

O principal assunto debatido foi a liturgia. No fim desta sessão iniciou-se o debate sobre a Igreja. E, já aí, os bispos se deram conta de que estavam iniciando o principal assunto do Vaticano II. Isto, aliás, pode ser considerado como o saldo mais positivo da primeira sessão. Os debates, de início, esparsos e difusos, encontraram finalmente um ponto central de referência. A partir daí, podia-se arquitetar todo o Concílio. A tarefa principal que aguardava os bispos era a análise e a definição da Igreja. Em torno deste tema iriam os outros todos se referir. No fim da primeira sessão o Concílio encontrava o seu caminho.

6.2. Acontecimentos decisivos

Terminada a primeira sessão, foram tomadas algumas medidas decisivas. Em primeiro lugar, João XXIII criou uma comissão de coordenação, encarregada de orientar o andamento dos trabalhos conciliares. Notara-se na primeira sessão que os debates eram prolongados, com repetições inúteis, e sem muita progressão. Continuando assim, o Concílio se prolongaria por quinze a vinte anos, para debater todos os assuntos em pauta

Por isto a comissão mandou reduzir drasticamente o número dos esquemas preparados. Eram mais de setenta. Ficaram reduzidos a cerca de dezessete. Alguns simplesmente foram supressos, outros abreviados ou incluídos em outros esquemas. Já era possível realizar esta nova organização dos esquemas, visto que se tinha descoberto a linha central do Concílio: a Igreja de Cristo em relação a si mesma, internamente (*ecclesia ad intra*) e em relação ao mundo atual, para fora dela mesma (*ecclesia ad extra*).

6.3. O novo Papa

1963 foi o ano da morte de João XXIII e da eleição de Paulo VI. A providência tinha preparado os homens adequados. João XXIII, com suas grandes ideias e inspirações, dera o impulso para a realização do Concílio. Paulo VI, mais metódico e organizado, iria coordenar o trabalho de colocar em prática as grandes inspirações de seu antecessor. Logo após sua eleição, confirmou a continuidade do Concílio, dizendo que esta seria a preocupação central do seu pontificado. Uma de suas primeiras providências foi nomear quatro "moderadores" para presidirem, como representantes seus, os trabalhos das sessões conciliares. Escolheu para isto quatro cardeais enérgicos, que daí por diante exigiram com rigor o regulamento do Concílio nos debates, para que os trabalhos progredissem mais rapidamente.

A segunda sessão, de 29 de setembro a 4 de dezembro de 1963, foi dedicada ao estudo da constituição sobre a Igreja, o tema central, e à aprovação da constituição sobre a liturgia, já estudada na primeira sessão. A 4 de dezembro, após dois anos de concílio, foram promulgados os primeiros dois documentos: sobre a liturgia (*Sacrosanctum Concilium*) e sobre os meios de comunicação social (*Inter Mirifica*).

6.4. A terceira sessão

A 14 de setembro de 1964 teve início a terceira sessão. Foi ela a mais decisiva do Vaticano II. Em primeiro lugar, porque aprovou e promulgou a constituição *Lumen Gentium*, sobre a Igreja. Só esta constituição valeria um concílio. Os historiadores certamente anotarão a data de 21 de novembro de 1964, dia da promulgação da *Lumen Gentium*, junto com o outro documento de caráter eclesiológico versando sobre as Igrejas orientais católicas (*Orientalium Ecclesiarum*), como uma das datas mais significativas da história da Igreja. Recuperava-se assim a consciência de que a Igreja só pode caminhar em plenitude se respirar, como dizia o Pe. Congar, pelos seus dois pulmões, o oriental e o ocidental. Punha-se, desse modo um ponto final aos reiterados e tão danosos intentos de "latinizar" o oriente cristão. No mesmo dia, foi promulgado ainda o outro documento de caráter eclesiológico, o decreto sobre o ecumenismo (*Unitatis Redintegratio*), em que as Igrejas são convocadas a cumprir a súplica e o mandamento de Cristo: "Que todos sejam um, ó Pai, como eu e tu somos um, para que o mundo creia". Esses três documentos formam uma unidade entre si, iluminando sob diferentes ângulos o mesmo mistério da Igreja e de sua missão.

Essa sessão foi a mais decisiva também porque nela se debateram, com certa dramaticidade, os temas mais apaixonantes deste concílio. O ecumenismo, a relação de Maria Santíssima com a Igreja, e sobretudo o tema da liberdade religiosa. Foi ele o que mais dividiu a opinião dos bispos. Em torno deste assunto, formou-se uma oposição ferrenha do grupo mais tradicional, que usou de todos os expedientes para impedir sua publicação. O mais que conseguiram foi adiá-la para a quarta sessão, o que causou profundo descontentamento na maioria dos bispos. Tanto assim que a terceira sessão se concluiu num clima meio melancólico. Foi o momento mais crítico de todo o Concílio. Mas, passados alguns meses, todos reconheceram que afinal isso foi até positivo, porque o documento pôde ser melhorado ainda mais.

6.5. A conclusão do Concílio

Já no fim da terceira sessão, Paulo VI deu a entender que pretendia encerrar o Concílio no ano seguinte, com a quarta sessão. Ele percebeu que não era conveniente prolongar demasiadamente os debates. As ideias já estavam esclarecidas, era preciso decidir, encerrar o Concílio para que depois os bispos o colocassem em prática, permanecendo em suas dioceses.

Mas restava ainda um grande trabalho. Por isso, as comissões receberam ordem de reformular todos os esquemas, de acordo com as orientações já estabelecidas. De modo que, ao iniciar a quarta sessão, a 14 de setembro de 1965, pudessem eles ser rapidamente votados e promulgados.

A última sessão se caracterizou por um ritmo intensíssimo de trabalho. Muitos documentos já tinham sido estudados. Só faltava proceder à sua votação e promulgação. Havia um, porém, o da Igreja no mundo de hoje, o mais extenso de todos, que ainda precisava ser inteiramente estudado. O trabalho desempenhado por algumas comissões foi realmente heroico. Quase não sobrava tempo, nem para comer, nem para dormir.

Para termos uma ideia do trabalho realizado na última sessão, vejamos o seguinte: dos dezesseis atuais documentos, dois foram promulgados na segunda sessão, três na terceira, e os onze restantes foram todos promulgados na última sessão. No dia 7 de dezembro de 1965, em solenes liturgias celebradas simultaneamente em Roma e em Constantinopla, o Papa Paulo VI, bispo de Roma e patriarca do ocidente, e Atenágoras, patriarca ecumênico para o oriente ortodoxo, levantaram mutuamente a excomunhão que pesava entre as duas Igrejas, desde o cisma de 1054. O caminho da reconciliação entre as duas Igrejas do oriente e do ocidente havia sido pavimentado pelo emocionante encontro entre os dois homens de Igreja, peregrinos na terra onde Jesus nasceu e no abraço e no ósculo de paz que trocaram entre si, no advento de 1963. Nesse mesmo dia 7 de dezembro, foram solenemente promulgados os seguintes documentos conciliares: a Constituição Pastoral *Gaudium et Spes*, sobre a Igreja no mundo de hoje; o decreto *Ad Gentes*, sobre a atividade missionária da Igreja; a declaração *Dignitatis Humanae*, sobre a liberdade religiosa; e o decreto *Presbyterorum Ordinis*, sobre a vida e o ministério dos presbíteros. No dia seguinte, 8 de dezembro, o Papa, os bispos e a multidão de fiéis reuniram-se na praça de São Pedro, para a missa de ação de graças, de regozijo e de despedida. Ia começar a era pós-conciliar.

7
O itinerário dos documentos conciliares

São dezesseis os documentos emanados do Concílio Vaticano II. Eles sintetizam um longo trabalho, que vai desde o anúncio do Concílio até sua conclusão, em 8 de dezembro de 1965. As duas mil sugestões apresentadas na fase antepreparatória, os setenta e cinco esquemas preparatórios, as milhares de intervenções durante os anos de concílio, resultaram nestes dezesseis documentos. Talvez alguém os considere poucos. Mas por trás de cada palavra encontra-se uma longa história, de sugestões, discussões, emendas e por fim aprovações.

Para termos uma ideia mais exata do quanto de trabalho eles exigiram, vamos ver o itinerário, o caminho que cada um deles teve que percorrer antes de ser finalmente aprovado.

7.1. O ponto de partida

Todos os documentos conciliares tiveram sua origem nas sugestões que os bispos, universidades, faculdades e dicastérios da Cúria Romana enviaram no ano de 1960, quando para isso foram consultados. Estava-se na fase antepreparatória de coleta de sugestões. Foi sobre estas sugestões, reunidas em doze volumes, que as comissões encontraram o material para elaborar os esquemas.

7.2. Os esquemas preparatórios

Em junho de 1960, o Papa nomeou as comissões preparatórias. Elas deviam dispor os assuntos já em forma de documentos. Assim, o trabalho do Concílio ia ficar facilitado, encontrando o material já bastante elaborado. As comissões prepararam então os chamados esquemas. Foi o segundo passo por que passaram os atuais documentos. Quando a comissão terminava o esquema, este era submetido à comissão central, que o aprovava ou não. Caso não fosse aprovado, ele retornava à comissão que redigira, para ser modificado. Isso tudo aconteceu antes do Concílio.

7.3. A discussão do esquema

Ao iniciar o Concílio propriamente dito, os esquemas começaram a ser estudados pelos bispos. Um esquema de cada vez. O primeiro trabalho que os bispos faziam era uma análise geral do esquema, para ver se ele servia ou não de base para as discussões conciliares. Notemos, portanto, que o Concílio não tinha compromisso algum com os esquemas. Se não gostavam de um deles, era rejeitado, e tinha que ser refeito pela respectiva comissão.

Após esse primeiro estudo global, vinha a primeira votação. O esquema era ou não aprovado para servir de base para as ulteriores discussões.

7.4. A discussão do esquema

Se o esquema fosse aprovado na primeira votação, começava então seu estudo detalhado, com intervenções orais na Aula conciliar ou intervenções escritas, encaminhadas à Secretaria-geral e daí às Comissões e Subcomissões. Este estudo era feito por capítulos. Analisava-se cada capítulo. Aí os bispos podiam dar sugestões, pedir modificações, acrescentar ou suprimir parágrafos. Após o estudo de todo um capítulo, era feita uma segunda votação, desta vez sobre um capítulo, no seu todo.

Os bispos podiam, então, votar de três maneiras: *placet* (isto é: agrada-me, aprovo o capítulo), *non placet* (isto é: rejeito o capítulo), e *placet juxta modum* (isto é: aprovo, mas não de todo). Quem votava desta última maneira tinha que escrever sua proposta de modificação. Em geral choviam sugestões, às vezes mais de mil em torno de um único capítulo. E assim se procedia com todos os capítulos de um esquema.

7.5. As emendas

Depois de efetuado este primeiro trabalho com todos os capítulos do esquema, este retornava à comissão encarregada de redigi-lo. Esta devia estudar todas as modificações feitas pelos bispos. Era um trabalho longo e paciente. Em geral, levava um ano inteiro. Por exemplo, o esquema sobre a liturgia foi estudado na Aula conciliar, durante a primeira sessão, em 1962. No intervalo entre a primeira e a segunda sessão, em 1963, a comissão litúrgica estudou as sugestões dos bispos e reelaborou todo o esquema.

7.6. As votações finais

Quando a respectiva comissão tinha terminado a reelaboração do esquema, este retornava à Aula conciliar para ser então votado. Aí, para cada esquema havia centenas de votações. Porque qualquer emenda introduzida pela comissão era votada pelos bispos, que respondiam *placet* ou *non placet*. Quando votavam todas as emendas de um capítulo, havia uma votação sobre todo ele, para ver se o conjunto agradava. E quando tinham sido votados todos os capítulos, uma última votação sobre todo o esquema. Se aprovado, estava ele pronto para ser promulgado.

7.7. A promulgação

Depois de estudado, emendado e aprovado, o esquema era impresso e apresentado inclusive ao Papa. Era então escolhido um dia para sua promulgação. No dia da promulgação o Papa também comparecia ao Concílio. E junto com ele os bispos deviam pela derradeira vez votar o documento, em seu conjunto. Evidentemente esta última votação tinha sempre resultado positivo, visto que o documento já fora anteriormente aprovado. E, depois de anunciado o resultado, o Papa promulgava o documento definitivo, em uma bela fórmula em que era invocado o Espírito Santo e claramente expressa a reencontrada colegialidade eclesial, em que a autoridade do Papa vinha unida à autoridade dos bispos, enquanto padres conciliares: "E Nós, pelo Poder Apostólico por Cristo a nós confiado, juntamente com os Veneráveis Padres, no Espírito Santo, os aprovamos, decretamos e estatuímos". Por estas vicissitudes todas passou cada um dos dezesseis documentos conciliares.

8
A organização do Concílio

Para termos uma ideia mais exata de como se processou o Concílio Vaticano II, vamos ver um pouco pormenorizadamente como estava ele organizado. Podemos bem imaginar a necessidade dessa organização. Com uma assembleia que passava dos dois mil membros e tendo em pauta tão variados assuntos, impunha-se uma detalhada organização, que fosse eficiente e coordenada.

8.1. A assembleia conciliar: bispos, superiores maiores de religiosos, mas também observadores de outras Igrejas cristãs e finalmente leigos, leigas e religiosas

Em primeiro lugar é bom saber quem fazia parte do Concílio. Quem tem direito nato de participar de um concílio são os bispos. O Papa pode convocar também outras pessoas. Desta vez, além dos bispos, foram convidados os superiores de congregações religiosas que possuíssem mais de mil membros. Os bispos, junto com esses poucos religiosos, eram os chamados "padres conciliares", conforme uma terminologia antiga, que entre nós causou alguma confusão, porque em sua quase totalidade os "padres conciliares" não eram padres, mas bispos. Outro destaque merece a presença dos observadores não católicos, de outras Igrejas cristãs, que desde a primeira sessão lá se encontravam. A presença deles manteve o Concílio em um clima de ecumenismo. Em reuniões diárias no Secretariado pela União dos Cristãos, participavam ativamente da discussão de cada esquema, fazendo chegar à Aula Conciliar suas sugestões e emendas por meio de intervenções orais ou escritas, assumidas por bispos que os acompanhavam. A partir da segunda sessão, passou também a fazer parte da Assembleia uma nova categoria de pessoas, os leigos, na figura regimental de "auditores" (ouvintes). Esses leigos, de maneira muito palpável, exprimiam o deslocamento de uma Igreja pensada apenas como os membros da hierarquia eclesiástica, para uma Igreja definida como Povo de Deus. Na sessão seguinte, foi a vez de mulheres religiosas e leigas serem arroladas na categoria das "auditrices" e integrarem a Assembleia conciliar. Na quarta e última sessão, quando se entrou no tema da família e na árdua discussão da "regulação dos nascimentos", como se dizia na época, foi convidado um casal do Movimento Familiar Cristão do México, para engrossar as fileiras dos auditores e auditrices.

8.2. O conselho de presidência

João XXIII nomeou dez cardeais, para que em nome dele dirigissem o Concílio. Isso também é bom ter presente. Um concílio é sempre dirigido pelo Papa, direta ou indiretamente. Esses dez cardeais formavam o Conselho de Presidência, que tinha o encargo de escolher os assuntos, fazer respeitar o regulamento do Concílio e presidir as reuniões de trabalho, que eram chamadas "congregações gerais".

8.3. Os moderadores

Quando João XXIII faleceu, Paulo VI introduziu uma importante modificação no regulamento do Concílio.

Nomeou quatro cardeais como representantes seus, para dirigirem os trabalhos conciliares. Portanto, já não era mais o Conselho de Presidência que dirigia as reuniões diárias, mas sucessivamente um dos quatro "moderadores". Esta medida foi tomada para dar mais eficiência aos trabalhos. O Conselho de Presidência ficou então só com o encargo de fazer observar o regulamento e de julgar questões não previstas que acaso surgissem.

8.4. A comissão de coordenação

Esta foi criada no fim do primeiro período conciliar, em dezembro de 1962. Sua função foi importantíssima. Cabia-lhe dar o andamento geral do Concílio. Exercia sua atividade não somente nos períodos de sessões conciliares, mas também nos intervalos entre uma sessão e outra. Coordenava o trabalho das diferentes comissões, cuidava da preparação e reforma dos esquemas, decidia quais podiam ser supressos ou integrados nos outros. Era um trabalho de direção geral muito importante.

8.5. A secretaria-geral

Um grande concílio como este, é evidente que devia possuir um serviço de secretaria bem organizado. Em primeiro lugar contava com um eficiente secretário-geral, Dom Péricle Felici. Havia ainda outros cinco subsecretários.

A secretaria-geral era subdividida em quatro distintas sessões: das cerimônias litúrgicas, das atas jurídicas, da conservação das atas, e dos instrumentos técnicos. Havia uma grande equipe de estenógrafos, intérpretes e arquivistas. Tudo o que foi falado no Concílio foi escrito e conservado em ata. Além disso, tudo foi gravado e guardado. Para curiosidade, o serviço de gravação ocupou 712 fitas, cada uma com 400 metros, formando ao total 284 quilômetros e 800 metros de fita gravada.

8.6. As diversas comissões

Talvez o ponto mais central dessa organização toda tenham sido as comissões. Foi através delas que a assembleia pôde trabalhar. Eram as comissões que praticamente redigiam os esquemas, anotavam as emendas e faziam as convenientes modificações. Quem mais trabalhou no Concílio foram os bispos que faziam parte de alguma comissão. Dom Vicente Scherer, então arcebispo de Porto Alegre, era membro da principal delas, a comissão teológica, à qual estavam afetos todos os grandes assuntos de ordem doutrinal. Além da comissão teológica havia outras nove, cuja relação completa é a seguinte: comissão teológica, das missões, da liturgia, dos bispos, do clero e povo cristão, dos sacramentos, das Igrejas orientais, dos estudos e seminários, dos religiosos e do apostolado dos leigos. Além dessas comissões, havia o Secretariado para a União dos Cristãos, já criado antes do Concílio, e que dentro dele possuía a função de comissão conciliar. Em determinados momentos, foi alçado ao mesmo nível da comissão teológica, ao ser indicado para integrar comissão mista para redigirem juntos o novo esquema para a *Dei Verbum* ou para o decreto sobre a liberdade religiosa.

8.7. Outros organismos

Além do que já foi citado, havia ainda outros organismos, que apesar de periféricos foram indispensáveis. A comissão técnica e administrativa encarregou-se de preparar tudo o que era necessário para o funcionamento do Concílio, desde as arquibancadas para os bispos, seus alojamentos, e uma infinidade de outros detalhes, até as máquinas eletrônicas para computar os votos. Somando-se todas as votações, foram usadas um milhão e 360 mil cédulas, nos quatro anos do Concílio.

Havia ainda um Tribunal Administrativo, encarregado de julgar questões jurídicas referentes a interpretações do regulamento. Não teve muito trabalho, porque não surgiram grandes controvérsias que precisassem do julgamento de tribunal.

8.8. Os peritos

Merecem ainda ser citados os peritos. Não faziam propriamente parte da assembleia conciliar, mas exerceram sobre ela grande influência.

Por peritos entendem-se aqueles sábios, em sua quase totalidade teólogos sacerdotes, que foram convidados a acompanhar os trabalhos do Concílio, para assessorar os bispos nas questões de sua especialidade. É verdade que estes peritos não tinham direito a voto, mas frequentemente eram eles que tinham a palavra, sobretudo nas comissões. O Vaticano II não teria sido o que foi, se a Igreja não tivesse podido dispor desses especialistas em Bíblia, teologia, direito canônico, história eclesiástica e de especialistas em ciências humanas e sociais, no momento das discussões do esquema da *Gaudium et Spes* sobre matrimônio e família, economia, política, cultura, demografia, guerra e paz, desenvolvimento e subdesenvolvimento, comércio e relações internacionais.

9
Os movimentos que precederam o Concílio

Estamos considerando o Concílio sob diversos aspectos e ângulos. Dessa maneira, podemos perceber melhor o sentido e o alcance exato de cada texto.

Para melhor entendermos o que foi o Concílio Vaticano II, falta-nos ainda ver quais foram os movimentos que os prepararam. Porque um acontecimento tão vasto como foi este concílio, embora tenha sido convocado de surpresa por João XXIII, foi inconscientemente preparado há longo tempo por alguns movimentos que vinham se realizando sobretudo dentro da Igreja. Vamos ver os principais.

9.1. O movimento litúrgico

O concílio não poderia ter produzido uma constituição tão avançada sobre a liturgia sem os estudos que havia mais de cinquenta anos vinham se fazendo na Igreja. Foi notável o progresso litúrgico, sobretudo do ponto de vista dos estudos, realizado desde o início do século XX. Aliás, desde o fim do outro século Dom Guéranger desencadeou na França o interesse e o gosto pela liturgia. Mesmo antes do Concílio o movimento litúrgico já tinha produzido seus preciosos frutos, consubstanciados principalmente na encíclica *Mediator Dei*, de Pio XII, em 1947. Em 1955 se realizou a restauração da liturgia da Semana Santa. E todos nos lembramos de como as disposições sobre a comunhão foram facilitadas. A Igreja já vinha executando a reforma litúrgica. Ao chegar o Concílio já havia um grande número de peritos altamente preparados em estudos litúrgicos. Estendeu-se então para toda a Igreja o que já vinha sendo estudado por alguns há muito tempo.

9.2. O movimento bíblico

Outro movimento que vinha trabalhando internamente na Igreja era o movimento bíblico. Ele teve duplo reflexo no Concílio. Por um lado preparou os peritos em questões bíblicas, cujos serviços foram valiosos nas discussões dos diversos temas. Por outro lado, os estudos bíblicos haviam aproximado católicos e protestantes, pois que este é um terreno comum a todos os cristãos e igualmente aos judeus no que se refere ao Antigo Testamento. As pesquisas científicas em torno da Bíblia foram unindo os estudiosos, independentemente de suas posições religiosas. Sem esta anterior amizade entre muitos expoentes das Igrejas cristãs, não teria certamente havido aquele ambiente ecumênico que chamou a atenção de todo mundo.

9.3. O movimento teológico e filosófico

Aonde foram os bispos encontrar tantos ensinamentos e tão exatos?

Não pensemos que isto tudo foi fruto das reflexões durante os debates conciliares. É claro que durante o Concílio se processou um grande avanço na teologia católica, e que após o Concílio a teologia tomou um novo impulso. Mas isto não teria sido possível sem os progressos teológicos realizados antes do Concílio. Em geral, quase tudo o que o Concílio ecumênico disse já tinha sido dito por um ou vários teólogos antes dele. O mérito do Concílio foi colocar em conjunto as pesquisas teológicas, resultando disso um grande enriquecimento. Foi estender a toda a Igreja o que antes estava ao alcance só de alguns.

Aqui é preciso que se lembre um grande nome, que não viu o Concílio, mas que muito contribuiu para prepará-lo. Foi o Papa Pio XII. Talvez o Papa mais sábio que a história viu. Com seus múltiplos ensinamentos, deu à Igreja a tranquilidade doutrinal para poder realizar um concílio como foi o Vaticano II.

Outra reflexão que a esta altura é bom fazer é a seguinte: o concílio não está separado da Igreja. Ele é um momento da Igreja. Os documentos do Concílio são documentos da Igreja. Quando dizemos "a doutrina do Concílio" é a mesma coisa que dizer: "a doutrina da Igreja reunida em concílio". Não se pode entender o Concílio a não ser colocando-o dentro do desenvolvimento da Igreja. É bom esclarecer que estamos estudando o Concílio não por curiosidade, para saber o que disse um extraordinário congresso, casualmente composto de bispos, mas para conhecermos a doutrina da Igreja que está valendo para a nossa vivência cristã de agora.

9.4. A Ação Católica

Estamos numa época em que os leigos estão tomando maior consciência de sua posição dentro da Igreja. O concílio deu a esta participação dos leigos o verdadeiro suporte teológico, dizendo que a Igreja é um povo, e que por força do Batismo todos temos direitos iguais dentro deste povo.

Mas este despertar dos leigos também foi anterior ao Concílio. Em grande parte foi realizado pelo movimento da Ação Católica, que se iniciou na Bélgica no princípio do século XX. Foi um dos grandes movimentos precursores do Concílio. Através da Ação Católica a Igreja penetrou nas massas. E, ao chegar o Concílio, o povo se sentiu interessado e o acompanhou, porque eram tratados problemas já sentidos pelos cristãos.

O concílio se apresenta, portanto, como o ponto de chegada de todo um longo trabalho da Igreja, e, ao mesmo tempo, como ponto de partida e grande impulso para uma nova etapa da mesma Igreja.

10
As qualificações dos documentos conciliares

É preciso saber abordar os documentos do Concílio. Ao todo são dezesseis. Mas não são todos iguais. E não se pode por conseguinte lê-los da mesma maneira. Ao se tomar um documento nas mãos, é bom conhecer um pouco de sua história, qual a comissão que o redigiu e qual a importância que o Concílio lhe atribuiu.

Para distingui-los um pouco entre si, vamos procurar rapidamente qualificá-los, segundo diversos pontos de vista.

10.1. A nomenclatura

A começar por aí, os documentos se agrupam sob títulos diferentes. Alguns são chamados de *constituição*, outros de *decretos* e ainda outros de *declaração*. Há quatro constituições, nove decretos e três declarações.

Por "constituição" entende-se, na terminologia conciliar, um documento que pretende expor verdades importantes de ordem doutrinal, mas também pastoral. O Vaticano II inovou ao alçar a ordem pastoral ao elevado patamar das constituições, dando à *Gaudium et Spes* a qualificação inédita de Constituição "Pastoral". Colheu, assim, a intuição profunda de João XXIII de que este devia ser um concílio eminentemente pastoral. Duas constituições foram qualificadas como "dogmáticas", a *Lumen Gentium*, sobre a Igreja, e a *Dei Verbum*, sobre a Palavra de Deus. A constituição sobre a liturgia (*Sacrosanctum Concilium*), a primeira a ser aprovada pelo Concílio, foi a única das quatro que não recebeu uma qualificação própria). Por aí já vemos que as quatro constituições são os documentos mais fundamentais do Concílio, quer do ponto de vista doutrinal, quer do ponto de vista pastoral.

Por "decreto" entende-se um documento que expõe disposições disciplinares e pastorais. Portanto, os decretos são documentos de ordem mais prática. Neles em geral podemos encontrar a aplicação concreta dos princípios doutrinais expostos nas constituições. Acontece, porém, que também eles contêm partes doutrinais, que procuram fundamentar as disposições disciplinares e as orientações pastorais que recomendam.

Os nove decretos do Concílio dizem respeito aos seguintes assuntos: a união dos cristãos, as Igrejas orientais, as missões, os bispos e dioceses, os presbíteros, os seminaristas, os religiosos, o apostolado dos leigos, e os meios de comunicação social.

Pelos decretos, percebemos que o Concílio baixou diretrizes de renovação e atualização em quase todos os campos da vida da Igreja.

Por fim, há ainda três documentos chamados "declarações". Nessas declarações, o Concílio quis manifestar o pensamento da Igreja sobre determinados problemas mais vastos, de que não só ela se ocupa: o problema da educação, da liberdade religiosa e das religiões não cristãs.

Assim se dividem os documentos conciliares. Quanto ao nome particular de cada um, *Lumen Gentium*, por exemplo, é tirado das primeiras palavras latinas com que o documento se inicia.

10.2. O peso dos documentos

Outro critério para avaliarmos os documentos conciliares é a importância que o próprio Concílio lhes atribuiu. Houve documentos que o Concílio analisou com muito mais vagar e cuidado, cujas palavras foram muito mais medidas e pesadas. Outros, ao contrário, foram redigidos e aprovados bem mais rapidamente. Disto resulta um valor diferente para cada documento.

Sabemos, por exemplo, que o documento sobre a Igreja, a *Lumen Gentium*, sozinho ocupou a quinta parte de todas as sessões conciliares. Por aí, vemos que a *Lumen Gentium* é o principal de todos os documentos, e que merece uma atenção especial. Igual observação merecem a constituição sobre a Palavra de Deus e a declaração sobre a liberdade religiosa. Esses dois documentos também passaram por um acurado exame, com longos debates a respeito, até dos mínimos detalhes. Suas palavras merecem muito mais consideração que as de outros documentos, como por exemplo as do extenso documento sobre as missões, ou mesmo determinadas partes da tão importante constituição sobre a presença da Igreja no mundo de hoje, *Gaudium et Spes*, o mais extenso de todos, mas que foi estudado e aprovado meio às pressas. Conclusão disso tudo: para bem apreciarmos um documento precisamos antes conhecer sua história.

10.3. Outras observações

Os documentos conciliares são diferentes também quanto ao seu espírito de abertura e renovação. Isto é devido a várias circunstâncias. O documento sobre a liturgia, por exemplo, por ter sido o primeiro, ainda se ressente da mentalidade que havia antes do Concílio. Devemos notar que à medida que o Concílio avançava os bispos iam evoluindo na maneira de ver as coisas. O pequeno documento sobre os meios de comunicação social, também promulgado junto com o da liturgia, até destoa em confronto com os outros.

Os documentos também trazem as marcas das comissões que os redigiram. É sabido que em algumas dessas comissões havia membros influentes que não conseguiam sintonizar bem com a mentalidade do Concílio.

Em conclusão: os dezesseis documentos que nos trazem estampada toda a riqueza do que foi o Vaticano II chegaram a nós revestidos das peripécias que cercaram sua composição. Diante deles, temos a obrigação de conhecer sua história e a liberdade de tomá-los assim como eles são.

Conclusão

Percorrido o itinerário do Vaticano II, passado quase meio século de sua realização, surge espontânea a comparação entre as propostas do Concílio, as esperanças suscitadas e a situação atual em que nos encontramos.

Como estímulo para a reflexão, podemos lembrar algumas referências e perceber os desafios que elas ainda nos apresentam.

Uma das afirmações mais fecundas de todo o Concílio foi a identificação da Igreja como "Povo de Deus". Ela foi consignada no segundo capítulo da *Lumen Gentium*, o documento central de todo o Vaticano II.

É uma visão que favorece, sobretudo, o clima de participação na vida e na missão da Igreja, e ajuda em especial os leigos e leigas a se sentirem Igreja.

Até que ponto hoje esta visão de "Igreja Povo de Deus" continua servindo de critério e de discernimento eclesial? Já o Sínodo de 1985, convocado para comemorar os vinte anos da conclusão do Concílio, deslocou o enfoque, afirmando que a afirmação central da eclesiologia do Vaticano II era a Igreja como um mistério. Por que foi abandonada a centralidade da Igreja como Povo de Deus?

Outro ponto central deste concílio foi a afirmação da "colegialidade episcopal". Deixando bem clara a importância do "primado do Papa", o Concílio afirma igualmente a importância da corresponsabilidade de todos os bispos na condução da vida da Igreja e no cumprimento de sua missão.

Aqui também se abre um vasto panorama de expectativas e de questionamentos, diante da maneira como é exercido o governo da Igreja, a importância das "Igrejas locais", a natureza e a função das "Conferências Episcopais", a modalidade da escolha do Papa e dos bispos, e, de maneira geral, a ampla questão da distribuição dos ministérios ordenados para que estejam a serviço das comunidades.

A intuição de que a Igreja é o Povo de Deus levou a outra igualmente necessária e urgente que se cristalizou na Constituição Pastoral *Gaudium et Spes*: a de que o lugar da Igreja é no coração do mundo, comprometida com os mais pobres na luta pela superação de tudo o que desfigura o rosto de Deus naqueles que passam fome, sofrem enfermidades e são injustiçados. A *Gaudium et Spes* proclama essa vocação do Povo de Deus a serviço do homem todo e a todos os homens e mulheres dizendo: "As alegrias e as esperanças, as tristezas e as angústias dos homens de hoje, sobretudo dos pobres e de todos os que sofrem, são também as alegrias, as tristezas dos discípulos de Cristo. Não se encontra nada verdadeiramente humano que não lhes ressoe no coração" (GS, n. 1).

Trata-se de um leque muito amplo de questões eclesiais, voltadas para o interior da própria Igreja e para sua vocação de serviço à humanidade no mundo.

Outra referência inquietante é a questão ecumênica. Foram dados passos positivos de aproximação com ortodoxos, luteranos, parte dos reformados e anglicanos. Mas ainda resta um longo caminho de aproximação entre as diferentes denominações cristãs.

O diálogo com as grandes religiões no mundo revela a urgência de uma inculturação do Evangelho, que deixe livre sua vocação universal e relativize as feições ocidentais e europeias que ele assumiu ao longo da história.

Tendo em vista estes questionamentos, o Cardeal Martini, por ocasião do Sínodo para a Europa, chegou a sugerir um novo Concílio ecumênico, com estes três grandes temas: o ministério no interior da Igreja, o ecumenismo e a inculturação do Evangelho.

O fato é que o processo de renovação eclesial está necessitado de um novo e amplo impulso, à semelhança daquele suscitado pelo Vaticano II.

Em qualquer hipótese, seja de um novo Concílio, ou da retomada cotidiana da renovação eclesial, é indispensável partirmos da grande contribuição oferecida pelos documentos do Vaticano II.

A caminhada da Igreja, neste início do terceiro milênio cristão, não pode ficar à mercê da superficialidade de iniciativas que prescindem de uma séria fundamentação teológica e de uma consistente visão pastoral.

A urgência de um novo Concílio precisa vir acoplada com a retomada em profundidade das intuições do Vaticano II. Elas colocaram o fundamento para a renovação da Igreja em nosso tempo, para que ela se torne instrumento de salvação do gênero humano.

A Igreja não pode desperdiçar esta graça que Deus lhe concedeu.

Sumário

Apresentação 5

Introdução 9

1. Como surgiu o Concílio Vaticano II 13

2. A preparação do Concílio..17

3. Os momentos decisivos do Concílio...............................21

4. Os assuntos quentes do Concílio 27

5. As ideias-força do Concílio..31

6. O desenrolar do Concílio...35

7. O itinerário dos documentos conciliares 41

8. A organização do Concílio 45

9. Os movimentos que precederam o Concílio....................51

10. As qualificações dos documentos conciliares 55

Conclusão 59

Impresso na gráfica da
Pia Sociedade Filhas de São Paulo
Via Raposo Tavares, km 19,145
05577-300 - São Paulo, SP - Brasil - 2012